오늘 내가 네게 명하는 이 말씀을 너는 마음에 새기고 네 자녀에게 부지런히 가르치며 집에 앉았을 때에든지 길을 갈 때에든지 누워 있을 때에든지 일어날 때에든지 이 말씀을 강론할 것이며 너는 또 그것을 네 손목에 매어 기호를 삼으며 네 미간에 붙여 표로 삼고 또 네 집 문설주와 바깥 문에 기록할지니라 (신명기 6:6-9)

이책의 특징

1. 어린이들이 말씀을 쉽게 따라 쓸 수 있도록 정자체로 작업되어 글씨 교정에도 도움이 됩니다.
2. 각 장의 중요한 요절들은 아이들이 꼭 외울 수 있도록 지도해 주세요.
(각 장의 요절 말씀들은 하단에 표기해 두었습니다.)
3. 어려운 단어는 하단 부분에 풀이를 해 놓았습니다.

말씀을 따라쓰기 전에

1. 기도로 시작하세요
2. 쓰기전에 소리내어 2-3회 읽게 해 주세요
3. 요절 말씀을 외우게 해 주세요
4. 따라쓰기 전에 말씀의 뜻을 아이들에게 이해시켜 주세요
5. 쓰기 시작한 날짜를 반드시 기록해 주세요

각장 요절 말씀

17:3 / 18:10 / 19:17 / 20:24 / 21:2 / 22:6
23:23 / 24:16 / 25:28 / 26:11 / 27:1
28:6 / 29:25 / 30:7-8 / 31:30

저자는 솔로몬이 기록했지만 다른 사람들의 내용도 함께 들어있습니다. 기록한 시기는 B.C 1000-700년 경에 기록이 되었고 등장하는 주요 인물들은 솔로몬 , 아굴, 르무엘등이 있습니다.
잠언의 핵심 내용은 지혜와 진리인데 지혜는 우리에게 선과 악, 진리와 거짓, 하나님의 뜻과 사람의 생각을 분별할 수 있게 해 주며, 진리는 하나님의 말씀대로 사는 길을 제시해 줍니다.

내용 소개
잠언서의 구조는 크게 세 부분으로 나눌 수 있습니다.

솔로몬의 제1 잠언집(1-9장)
'지혜를 얻기 위해 힘쓰라'는 내용을 시작으로 '지혜의 열매가 무엇인지'를 설명하면서 지혜를 찬송하고 있는 내용을 담고 있습니다.
주로 도덕적인 삶에 대한 권유와 여자와 부정한 관계를 피하는 것을 위주로 다루고 있습니다.

솔로몬의 제2 잠언집(10-22:16)
대부분이 한 절로 된 격언 형태입니다. 다루는 주제도 폭넓고 다양함을 가지고 있습니다. 특히 반복해서 등장하는 주제로는 앞부분에서 다룬 성도덕뿐 아니라, 의의 본성, 말의 사용, 공동체 안에서의 인간관계, 노동, 재물, 왕권 등이 있습니다.

솔로몬의 제3 잠언집(22:17-31:31)은 다섯 부분으로 나뉘어져 있습니다.
① 지혜로운 사람들의 잠언 집 1(22:17-24:34),
② 솔로몬의 잠언집(25:1-29:27),
③ 아굴의 잠언(30:1-33),
④ 르무엘의 잠언(31:1-9)
⑤ 현숙한 여인에 대한 노래 (31:10-31)로 구성되어 있습니다.

17장

년 월 일 요일

잠언 17 : 1 - 13

1 마른 떡 한 조각만 있고도 화목하는 것이 제육
이 집에 가득하고도 다투는 것보다 나으니라
2 슬기로운 종은 부끄러운 짓을 하는 주인의 아들
을 다스리겠고 또 형제들 중에서 유업을 나누어
얻으리라
3 도가니는 은을, 풀무는 금을 연단하거니와 여호
와는 마음을 연단하시느니라
4 악을 행하는 자는 사악한 입술이 하는 말을 잘 듣
고 거짓말을 하는 자는 악한 혀가 하는 말에 귀를
기울이느니라
5 가난한 자를 조롱하는 자는 그를 지으신 주를 멸
시하는 자요 사람의 재앙을 기뻐하는 자는 형벌
을 면하지 못할 자니라

제육(17:1) : 식용으로 쓰이는 돼지고기 / 사악(17:4) : 간사하고 악독함 단어풀이

6 손자는 노인의 면류관이요 아비는 자식의 영화니라
7 지나친 말을 하는 것도 미련한 자에게 합당하지 아
니하거든 하물며 거짓말을 하는 것이 존귀한 자에
게 합당하겠느냐
8 뇌물은 그 임자가 보기에 보석 같은즉 그가 어디
로 향하든지 형통하게 하느니라
9 허물을 덮어 주는 자는 사랑을 구하는 자요 그것을
거듭 말하는 자는 친한 벗을 이간하는 자니라
10 한 마디 말로 총명한 자에게 충고하는 것이 매 백
대로 미련한 자를 때리는 것보다 더욱 깊이 박히느
니라
11 악한 자는 반역만 힘쓰나니 그러므로 그에게 잔인
한 사자가 보냄을 받으리라
12 차라리 새끼 빼앗긴 암곰을 만날지언정 미련한 일
을 행하는 미련한 자를 만나지 말 것이니라
13 누구든지 악으로 선을 갚으면 악이 그 집을 떠나지
아니하리라

단어풀이 반역 (17:11) : 자신의 국가나 민족 또는 정의를 배반함

14 다투는 시작은 둑에서 물이 새는 것 같은즉 싸움
이 일어나기 전에 시비를 그칠 것이니라
15 악인을 의롭다 하고 의인을 악하다 하는 이 두 사
람은 다 여호와께 미움을 받느니라
16 미련한 자는 무지하거늘 손에 값을 가지고 지혜
를 사려 함은 어찜인고
17 친구는 사랑이 끊어지지 아니하고 형제는 위급한
때를 위하여 났느니라
18 지혜 없는 자는 남의 손을 잡고 그의 이웃 앞에서
보증이 되느니라
19 다툼을 좋아하는 자는 죄과를 좋아하는 자요 자
기 문을 높이는 자는 파괴를 구하는 자니라
20 마음이 굽은 자는 복을 얻지 못하고 혀가 패역한
자는 재앙에 빠지느니라
21 미련한 자를 낳는 자는 근심을 당하나니 미련한
자의 아비는 낙이 없느니라
22 마음의 즐거움은 양약이라도 심령의 근심은 뼈를

죄과 (17:19) : 죄가 될 만한 과실이나 허물 단어풀이

마르게 하느니라

23 악인은 사람의 품에서 뇌물을 받고 재판을 굽게
하느니라

24 지혜는 명철한 자 앞에 있거늘 미련한 자는 눈을
땅 끝에 두느니라

25 미련한 아들은 그 아비의 근심이 되고 그 어미의
고통이 되느니라

26 의인을 벌하는 것과 귀인을 정직하다고 때리는
것은 선하지 못하니라

27 말을 아끼는 자는 지식이 있고 성품이 냉철한 자
는 명철하니라

28 미련한 자라도 잠잠하면 지혜로운 자로 여겨지
고 그의 입술을 닫으면 슬기로운 자로 여겨지느
니라

단어풀이 냉철한 (17:27) : 감정에 치우치지 않고 사리에 밝음

18장

년 월 일 요일

잠언 18 : 1 - 15

1 무리에게서 스스로 갈라지는 자는 자기 소욕을
따르는 자라 온갖 참 지혜를 배척하느니라
2 미련한 자는 명철을 기뻐하지 아니하고 자기의
의사를 드러내기만 기뻐하느니라
3 악한 자가 이를 때에는 멸시도 따라오고 부끄러
운 것이 이를 때에는 능욕도 함께 오느니라
4 명철한 사람의 입의 말은 깊은 물과 같고 지혜의
샘은 솟구쳐 흐르는 내와 같으니라
5 악인을 두둔하는 것과 재판할 때에 의인을 억울
하게 하는 것이 선하지 아니하니라
6 미련한 자의 입술은 다툼을 일으키고 그의 입은
매를 자청하느니라
7 미련한 자의 입은 그의 멸망이 되고 그의 입술은

능욕 (18:3) : 업신여겨 욕되게 함 단어풀이

그의 영혼의 그물이 되느니라
8 남의 말하기를 좋아하는 자의 말은 별식과 같아서
뱃속 깊은 데로 내려가느니라
9 자기의 일을 게을리하는 자는 패가하는 자의 형제
니라
10 여호와의 이름은 견고한 망대라 의인은 그리로 달
려가서 안전함을 얻느니라
11 부자의 재물은 그의 견고한 성이라 그가 높은 성벽
같이 여기느니라
12 사람의 마음의 교만은 멸망의 선봉이요 겸손은 존
귀의 길잡이니라
13 사연을 듣기 전에 대답하는 자는 미련하여 욕을 당
하느니라
14 사람의 심령은 그의 병을 능히 이기려니와 심령이
상하면 그것을 누가 일으키겠느냐
15 명철한 자의 마음은 지식을 얻고 지혜로운 자의 귀
는 지식을 구하느니라

단어풀이 망대 (18:10) : 주위를 살피기 위해 높이 세워 놓은 대

잠언 18 : 16 - 24

16 사람의 선물은 그의 길을 넓게 하며 또 존귀한 자
앞으로 그를 인도하느니라
17 송사에서는 먼저 온 사람의 말이 바른 것 같으나
그의 상대자가 와서 밝히느니라
18 제비 뽑는 것은 다툼을 그치게 하여 강한 자 사이
에 해결하게 하느니라
19 노엽게 한 형제와 화목하기가 견고한 성을 취하
기보다 어려운즉 이러한 다툼은 산성 문빗장 같
으니라
20 사람은 입에서 나오는 열매로 말미암아 배부르게
되나니 곧 그의 입술에서 나는 것으로 말미암아
만족하게 되느니라
21 죽고 사는 것이 혀의 힘에 달렸나니 혀를 쓰기 좋
아하는 자는 혀의 열매를 먹으리라
22 아내를 얻는 자는 복을 얻고 여호와께 은총을 받
는 자니라
23 가난한 자는 간절한 말로 구하여도 부자는 엄한

문빗장 (18:19) : 문을 닫고 가로질러 잠그는 막대기나 쇠로된 장대 단어풀이

말로 대답하느니라

24 많은 친구를 얻는 자는 해를 당하게 되거니와 어

떤 친구는 형제보다 친밀하니라

19장

년 월 일 요일

잠언 19 : 1 - 4

1 가난하여도 성실하게 행하는 자는 입술이 패역

하고 미련한 자보다 나으니라

2 지식 없는 소원은 선하지 못하고 발이 급한 사람

은 잘못 가느니라

3 사람이 미련하므로 자기 길을 굽게 하고 마음으

로 여호와를 원망하느니라

4 재물은 많은 친구를 더하게 하나 가난한즉 친구

가 끊어지느니라

단어풀이 패역 (19:1) : 도리에 어긋나고 순리를 거스리는 행위

5 거짓 증인은 벌을 면하지 못할 것이요 거짓말을
하는 자도 피하지 못하리라
6 너그러운 사람에게는 은혜를 구하는 자가 많고
선물 주기를 좋아하는 자에게는 사람마다 친구
가 되느니라
7 가난한 자는 그의 형제들에게도 미움을 받거든
하물며 친구야 그를 멀리 하지 아니하겠느냐 따
라가며 말하려 할지라도 그들이 없어졌으리라
8 지혜를 얻는 자는 자기 영혼을 사랑하고 명철을
지키는 자는 복을 얻느니라
9 거짓 증인은 벌을 면하지 못할 것이요 거짓말을
뱉는 자는 망할 것이니라
10 미련한 자가 사치하는 것이 적당하지 못하거든
하물며 종이 방백을 다스림이랴
11 노하기를 더디 하는 것이 사람의 슬기요 허물을
용서하는 것이 자기의 영광이니라
12 왕의 노함은 사자의 부르짖음 같고 그의 은택은

방백 (19:10) : 지도자, 두령, 귀인, 총독과 같이 높은 지위를 말할때 쓰임 단어풀이

풀 위의 이슬 같으니라
13 미련한 아들은 그의 아비의 재앙이요 다투는 아
내는 이어 떨어지는 물방울이니라
14 집과 재물은 조상에게서 상속하거니와 슬기로운
아내는 여호와께로서 말미암느니라
15 게으름이 사람으로 깊이 잠들게 하나니 태만한
사람은 주릴 것이니라
16 계명을 지키는 자는 자기의 영혼을 지키거니와
자기의 행실을 삼가지 아니하는 자는 죽으리라
17 가난한 자를 불쌍히 여기는 것은 여호와께 꾸어 드
리는 것이니 그의 선행을 그에게 갚아 주시리라
18 네가 네 아들에게 희망이 있은즉 그를 징계하되
죽일 마음은 두지 말지니라
19 노하기를 맹렬히 하는 자는 벌을 받을 것이라 네
가 그를 건져 주면 다시 그런 일이 생기리라
20 너는 권고를 들으며 훈계를 받으라 그리하면 네
가 필경은 지혜롭게 되리라

단어풀이 태만 (19:15) : 해야 할 일을 열심히 하지 않고 게으름을 피움

잠언 19 : 21 - 29

21 사람의 마음에는 많은 계획이 있어도 오직 여호
와의 뜻만이 완전히 서리라
22 사람은 자기의 인자함으로 남에게 사모함을 받느
니라 가난한 자는 거짓말하는 자보다 나으니라
23 여호와를 경외하는 것은 사람으로 생명에 이르게
하는 것이라 경외하는 자는 족하게 지내고 재앙
을 당하지 아니하느니라
24 게으른 자는 자기의 손을 그릇에 넣고서도 입으
로 올리기를 괴로워하느니라
25 거만한 자를 때리라 그리하면 어리석은 자도 지
혜를 얻으리라 명철한 자를 견책하라 그리하면
그가 지식을 얻으리라
26 아비를 구박하고 어미를 쫓아내는 자는 부끄러움
을 끼치며 능욕을 부르는 자식이니라
27 내 아들아 지식의 말씀에서 떠나게 하는 교훈을
듣지 말지니라
28 망령된 증인은 정의를 업신여기고 악인의 입은

구박 (19:26) : 못 견디게 괴롭힘 단어풀이

죄악을 삼키느니라
29 심판은 거만한 자를 위하여 예비된 것이요 채찍
은 어리석은 자의 등을 위하여 예비된 것이니라

20장

년 월 일 요일

잠언 20 : 1 - 4

1 포도주는 거만하게 하는 것이요 독주는 떠들게
하는 것이라 이에 미혹되는 자마다 지혜가 없느
니라
2 왕의 진노는 사자의 부르짖음 같으니 그를 노하
게 하는 것은 자기의 생명을 해하는 것이니라
3 다툼을 멀리 하는 것이 사람에게 영광이거늘 미
련한 자마다 다툼을 일으키느니라
4 게으른 자는 가을에 밭 갈지 아니하나니 그러므

단어풀이 독주 (20:1) : 독한 술

로 거둘 때에는 구걸할지라도 얻지 못하리라
5 사람의 마음에 있는 모략은 깊은 물 같으니라 그
럴지라도 명철한 사람은 그것을 길어 내느니라
6 많은 사람이 각기 자기의 인자함을 자랑하나니
충성된 자를 누가 만날 수 있으랴
7 온전하게 행하는 자가 의인이라 그의 후손에게
복이 있느니라
8 심판 자리에 앉은 왕은 그의 눈으로 모든 악을 흩
어지게 하느니라
9 내가 내 마음을 정하게 하였다 내 죄를 깨끗하게
하였다 할 자가 누구냐
10 한결같지 않은 저울 추와 한결같지 않은 되는 다
여호와께서 미워하시느니라
11 비록 아이라도 자기의 동작으로 자기 품행이 청
결한 여부와 정직한 여부를 나타내느니라
12 듣는 귀와 보는 눈은 다 여호와께서 지으신 것이
니라

모략 (20:5) : 남을 해치기 위해서 속임수로 남을 해롭게 함 단어풀이

13 너는 잠자기를 좋아하지 말라 네가 빈궁하게 될
까 두려우니라 네 눈을 뜨라 그리하면 양식이 족
하리라
14 물건을 사는 자가 좋지 못하다 좋지 못하다 하다
가 돌아간 후에는 자랑하느니라
15 세상에 금도 있고 진주도 많거니와 지혜로운 입
술이 더욱 귀한 보배니라
16 타인을 위하여 보증 선 자의 옷을 취하라 외인들을
위하여 보증 선 자는 그의 몸을 볼모 잡을지니라
17 속이고 취한 음식물은 사람에게 맛이 좋은 듯하
나 후에는 그의 입에 모래가 가득하게 되리라
18 경영은 의논함으로 성취하나니 지략을 베풀고 전
쟁할지니라
19 두루 다니며 한담하는 자는 남의 비밀을 누설하
나니 입술을 벌린 자를 사귀지 말지니라
20 자기의 아비나 어미를 저주하는 자는 그의 등불
이 흑암 중에 꺼짐을 당하리라

단어풀이 볼모 (20:16) : 상대편에게 강제로 붙잡혀 있는 사람

21 처음에 속히 잡은 산업은 마침내 복이 되지 아니
하느니라
22 너는 악을 갚겠다 말하지 말고 여호와를 기다리
라 그가 너를 구원하시리라
23 한결같지 않은 저울 추는 여호와께서 미워하시는
것이요 속이는 저울은 좋지 못한 것이니라
24 사람의 걸음은 여호와로 말미암나니 사람이 어찌
자기의 길을 알 수 있으랴
25 함부로 이 물건은 거룩하다 하여 서원하고 그 후
에 살피면 그것이 그 사람에게 덫이 되느니라
26 지혜로운 왕은 악인들을 키질하며 타작하는 바퀴
를 그들 위에 굴리느니라
27 사람의 영혼은 여호와의 등불이라 사람의 깊은
속을 살피느니라
28 왕은 인자와 진리로 스스로 보호하고 그의 왕위
도 인자함으로 말미암아 견고하니라
29 젊은 자의 영화는 그의 힘이요 늙은 자의 아름다

서원 (20:25) : 하나님께 어떤 선행을 하거나 물질을 바치겠다고 맹세함 단어풀이

움은 백발이니라

30 상하게 때리는 것이 악을 없이하나니 매는 사람
속에 깊이 들어가느니라

21장

년 월 일 요일

잠언 21 : 1 - 4

1 왕의 마음이 여호와의 손에 있음이 마치 봇물과
같아서 그가 임의로 인도하시느니라
2 사람의 행위가 자기 보기에는 모두 정직하여도
여호와는 마음을 감찰하시느니라
3 공의와 정의를 행하는 것은 제사 드리는 것보다
여호와께서 기쁘게 여기시느니라
4 눈이 높은 것과 마음이 교만한 것과 악인이 형통
한 것은 다 죄니라

단어풀이 봇물 (21:1) : 보에 고인 물

잠언 21 : 5 - 21

5 부지런한 자의 경영은 풍부함에 이를 것이나 조
급한 자는 궁핍함에 이를 따름이니라
6 속이는 말로 재물을 모으는 것은 죽음을 구하는
것이라 곧 불려다니는 안개니라
7 악인의 강포는 자기를 소멸하나니 이는 정의를
행하기 싫어함이니라
8 죄를 크게 범한 자의 길은 심히 구부러지고 깨끗
한 자의 길은 곧으니라
9 다투는 여인과 함께 큰 집에서 사는 것보다 움막
에서 사는 것이 나으니라
10 악인의 마음은 남의 재앙을 원하나니 그 이웃도
그 앞에서 은혜를 입지 못하느니라
11 거만한 자가 벌을 받으면 어리석은 자도 지혜를
얻겠고 지혜로운 자가 교훈을 받으면 지식이 더
하리라
12 의로우신 자는 악인의 집을 감찰하시고 악인을
환난에 던지시느니라

감찰 (21:12) : 지켜보며 살피는 것 단어풀이

13 귀를 막고 가난한 자가 부르짖는 소리를 듣지 아
니하면 자기가 부르짖을 때에도 들을 자가 없으
리라
14 은밀한 선물은 노를 쉬게 하고 품 안의 뇌물은 맹
렬한 분을 그치게 하느니라
15 정의를 행하는 것이 의인에게는 즐거움이요 죄인
에게는 패망이니라
16 명철의 길을 떠난 사람은 사망의 회중에 거하리라
17 연락을 좋아하는 자는 가난하게 되고 술과 기름
을 좋아하는 자는 부하게 되지 못하느니라
18 악인은 의인의 속전이 되고 사악한 자는 정직한
자의 대신이 되느니라
19 다투며 성내는 여인과 함께 사는 것보다 광야에
서 사는 것이 나으니라
20 지혜 있는 자의 집에는 귀한 보배와 기름이 있으
나 미련한 자는 이것을 다 삼켜 버리느니라
21 공의와 인자를 따라 구하는 자는 생명과 공의와

단어풀이 속전(21:18): 생명을 대신하여 지불하는 돈

영광을 얻느니라

22 지혜로운 자는 용사의 성에 올라가서 그 성이 의
지하는 방벽을 허느니라

23 입과 혀를 지키는 자는 자기의 영혼을 환난에서
보전하느니라

24 무례하고 교만한 자를 이름하여 망령된 자라 하
나니 이는 넘치는 교만으로 행함이니라

25 게으른 자의 욕망이 자기를 죽이나니 이는 자기
의 손으로 일하기를 싫어함이니라

26 어떤 자는 종일토록 탐하기만 하나 의인은 아끼
지 아니하고 베푸느니라

27 악인의 제물은 본래 가증하거든 하물며 악한 뜻
으로 드리는 것이랴

28 거짓 증인은 패망하려니와 확실히 들은 사람의
말은 힘이 있느니라

29 악인은 자기의 얼굴을 굳게 하나 정직한 자는 자
기의 행위를 삼가느니라

망령 (21:24) : 이치에 맞지않고 허황하거나 주책없음 단어풀이

30 지혜로도 못하고, 명철로도 못하고 모략으로도
여호와를 당하지 못하느니라
31 싸울 날을 위하여 마병을 예비하거니와 이김은
여호와께 있느니라

22장

년 월 일 요일

잠언 22 : 1 - 4

1 많은 재물보다 명예를 택할 것이요 은이나 금보
다 은총을 더욱 택할 것이니라
2 가난한 자와 부한 자가 함께 살거니와 그 모두를
지으신 이는 여호와시니라
3 슬기로운 자는 재앙을 보면 숨어 피하여도 어리
석은 자는 나가다가 해를 받느니라
4 겸손과 여호와를 경외함의 보상은 재물과 영광과

단어풀이 마병 (21:31) : 말을 타고 싸우는 군인

생명이니라
5 패역한 자의 길에는 가시와 올무가 있거니와 영
혼을 지키는 자는 이를 멀리 하느니라
6 마땅히 행할 길을 아이에게 가르치라 그리하면
늙어도 그것을 떠나지 아니하리라
7 부자는 가난한 자를 주관하고 빚진 자는 채주의
종이 되느니라
8 악을 뿌리는 자는 재앙을 거두리니 그 분노의 기
세가 쇠하리라
9 선한 눈을 가진 자는 복을 받으리니 이는 양식을
가난한 자에게 줌이니라
10 거만한 자를 쫓아내면 다툼이 쉬고 싸움과 수욕
이 그치느니라
11 마음의 정결을 사모하는 자의 입술에는 덕이 있
으므로 임금이 그의 친구가 되느니라
12 여호와의 눈은 지식 있는 사람을 지키시나 사악
한 사람의 말은 패하게 하시느니라

채주 (22:7) : 남에게 돈을 직업적으로 빌려주는 사람 **단어풀이**

13 게으른 자는 말하기를 사자가 밖에 있은즉 내가 나가면 거리에서 찢기겠다 하느니라

14 음녀의 입은 깊은 함정이라 여호와의 노를 당한 자는 거기 빠지리라

15 아이의 마음에는 미련한 것이 얽혔으나 징계하는 채찍이 이를 멀리 쫓아내리라

16 이익을 얻으려고 가난한 자를 학대하는 자와 부자에게 주는 자는 가난하여질 뿐이니라

17 너는 귀를 기울여 지혜 있는 자의 말씀을 들으며 내 지식에 마음을 둘지어다

18 이것을 네 속에 보존하며 네 입술 위에 함께 있게 함이 아름다우니라

19 내가 네게 여호와를 의뢰하게 하려 하여 이것을 오늘 특별히 네게 알게 하였노니

20 내가 모략과 지식의 아름다운 것을 너를 위해 기록하여

21 내가 진리의 확실한 말씀을 깨닫게 하며 또 너를

단어풀이 음녀 (22:14) : 성적으로 부도덕한 여자

보내는 자에게 진리의 말씀으로 회답하게 하려
함이 아니냐
22 악한 자를 그가 악하다고 탈취하지 말며 곤고한
자를 성문에서 압제하지 말라
23 대저 여호와께서 신원하여 주시고 또 그를 노략
하는 자의 생명을 빼앗으시리라
24 노를 품는 자와 사귀지 말며 울분한 자와 동행하
지 말지니
25 그의 행위를 본받아 네 영혼을 올무에 빠뜨릴까
두려움이니라
26 너는 사람과 더불어 손을 잡지 말며 남의 빚에 보
증을 서지 말라
27 만일 갚을 것이 네게 없으면 네 누운 침상도 빼앗
길 것이라 네가 어찌 그리하겠느냐
28 네 선조가 세운 옛 지계석을 옮기지 말지니라
29 네가 자기의 일에 능숙한 사람을 보았느냐 이러
한 사람은 왕 앞에 설 것이요 천한 자 앞에 서지

압제 (22:22) : 권력이나 무력으로 억눌러 꼼짝 못하게 내리 누름 단어풀이

아니하리라

23장

년 월 일 요일

잠언 23 : 1 - 5

1 네가 관원과 함께 앉아 음식을 먹게 되거든 삼
가 네 앞에 있는 자가 누구인지를 생각하며
2 네가 만일 음식을 탐하는 자이거든 네 목에 칼을
둘 것이니라
3 그의 맛있는 음식을 탐하지 말라 그것은 속이는
음식이니라
4 부자 되기에 애쓰지 말고 네 사사로운 지혜를 버
릴지어다
5 네가 어찌 허무한 것에 주목하겠느냐 정녕히 재
물은 스스로 날개를 내어 하늘을 나는 독수리처

단어풀이 관원 (23:1) : 나라의 일을 맡아서 하는 사람

럼 날아가리라
6 악한 눈이 있는 자의 음식을 먹지 말며 그의 맛있
는 음식을 탐하지 말지어다
7 대저 그 마음의 생각이 어떠하면 그 위인도 그러
한즉 그가 네게 먹고 마시라 할지라도 그의 마음
은 너와 함께 하지 아니함이라
8 네가 조금 먹은 것도 토하겠고 네 아름다운 말도
헛된 데로 돌아가리라
9 미련한 자의 귀에 말하지 말지니 이는 그가 네 지
혜로운 말을 업신여길 것임이니라
10 옛 지계석을 옮기지 말며 고아들의 밭을 침범하
지 말지어다
11 대저 그들의 구속자는 강하시니 그가 너를 대적
하여 그들의 원한을 풀어 주시리라
12 훈계에 착심하며 지식의 말씀에 귀를 기울이라
13 아이를 훈계하지 아니하려고 하지 말라 채찍으로
그를 때릴지라도 그가 죽지 아니하리라

단어풀이

지계석 (23:10) : 땅과 땅 사이의 경계를 표시하여 토지의 소유권을 나타내는 돌
착심 (23:12) : 어떤 일에 마음을 정하고 마음 붙임

14 네가 그를 채찍으로 때리면 그의 영혼을 스올에
서 구원하리라
15 내 아들아 만일 네 마음이 지혜로우면 나 곧 내 마
음이 즐겁겠고
16 만일 네 입술이 정직을 말하면 내 속이 유쾌하리
라
17 네 마음으로 죄인의 형통을 부러워하지 말고 항
상 여호와를 경외하라
18 정녕히 네 장래가 있겠고 네 소망이 끊어지지 아
니하리라
19 내 아들아 너는 듣고 지혜를 얻어 네 마음을 바른
길로 인도할지니라
20 술을 즐겨 하는 자들과 고기를 탐하는 자들과도
더불어 사귀지 말라
21 술 취하고 음식을 탐하는 자는 가난하여질 것이
요 잠 자기를 즐겨 하는 자는 해어진 옷을 입을
것임이니라

단어풀이 스올 (23:14) : 무덤, 땅 밑 세계, 죽음의 상태를 뜻하는 말

잠언 23 : 22 - 35

22 너를 낳은 아비에게 청종하고 네 늙은 어미를 경
히 여기지 말지니라
23 진리를 사되 팔지는 말며 지혜와 훈계와 명철도
그리할지니라
24 의인의 아비는 크게 즐거울 것이요 지혜로운 자
식을 낳은 자는 그로 말미암아 즐거울 것이니라
25 네 부모를 즐겁게 하며 너를 낳은 어미를 기쁘게
하라
26 내 아들아 네 마음을 내게 주며 네 눈으로 내 길
을 즐거워할지어다
27 대저 음녀는 깊은 구덩이요 이방 여인은 좁은 함
정이라
28 참으로 그는 강도 같이 매복하며 사람들 중에 사
악한 자가 많아지게 하느니라
29 재앙이 뉘게 있느뇨 근심이 뉘게 있느뇨 분쟁이
뉘게 있느뇨 원망이 뉘게 있느뇨 까닭 없는 상처
가 뉘게 있느뇨 붉은 눈이 뉘게 있느뇨

매복 (23:28) : 생대편을 불시에 습격하거나 살피려고 몰래 숨어있는 상태 단어풀이

30 술에 잠긴 자에게 있고 혼합한 술을 구하러 다니
는 자에게 있느니라
31 포도주는 붉고 잔에서 번쩍이며 순하게 내려가나
니 너는 그것을 보지도 말지어다
32 그것이 마침내 뱀 같이 물 것이요 독사 같이 쏠
것이며
33 또 네 눈에는 괴이한 것이 보일 것이요 네 마음은
구부러진 말을 할 것이며
34 너는 바다 가운데에 누운 자 같을 것이요 돛대 위
에 누운 자 같을 것이며
35 네가 스스로 말하기를 사람이 나를 때려도 나는
아프지 아니하고 나를 상하게 하여도 내게 감각
이 없도다 내가 언제나 깰까 다시 술을 찾겠다 하
리라

단어풀이 괴이한 (23:33) : 알 수 없을 만큼 이상야릇함

24장

년 월 일 요일

잠언 24 : 1 - 14

1 너는 악인의 형통함을 부러워하지 말며 그와 함
께 있으려고 하지도 말지어다
2 그들의 마음은 강포를 품고 그들의 입술은 재앙
을 말함이니라
3 집은 지혜로 말미암아 건축되고 명철로 말미암아
견고하게 되며
4 또 방들은 지식으로 말미암아 각종 귀하고 아름
다운 보배로 채우게 되느니라
5 지혜 있는 자는 강하고 지식 있는 자는 힘을 더하
나니
6 너는 전략으로 싸우라 승리는 지략이 많음에 있
느니라
7 지혜는 너무 높아서 미련한 자가 미치지 못할 것

단어풀이 강포 (24:2) : 몹시 우악스럽고 사나움

이므로 그는 성문에서 입을 열지 못하느니라

8 악행하기를 꾀하는 자를 일컬어 사악한 자라 하느
니라

9 미련한 자의 생각은 죄요 거만한 자는 사람에게 미
움을 받느니라

10 네가 만일 환난 날에 낙담하면 네 힘이 미약함을 보
임이니라

11 너는 사망으로 끌려가는 자를 건져 주며 살륙을 당
하게 된 자를 구원하지 아니하려고 하지 말라

12 네가 말하기를 나는 그것을 알지 못하였노라 할지
라도 마음을 저울질 하시는 이가 어찌 통찰하지 못
하시겠으며 네 영혼을 지키시는 이가 어찌 알지 못
하시겠느냐 그가 각 사람의 행위대로 보응하시리
라

13 내 아들아 꿀을 먹으라 이것이 좋으니라 송이꿀을
먹으라 이것이 네 입에 다니라

14 지혜가 네 영혼에게 이와 같은 줄을 알라 이것을 얻

단어풀이 살륙 (24:11) : 많은 사람을 마구 죽이는 것

으면 정녕히 네 장래가 있겠고 네 소망이 끊어지
지 아니하리라
15 악한 자여 의인의 집을 엿보지 말며 그가 쉬는 처
소를 헐지 말지니라
16 대저 의인은 일곱 번 넘어질지라도 다시 일어나려
니와 악인은 재앙으로 말미암아 엎드러지느니라
17 네 원수가 넘어질 때에 즐거워하지 말며 그가 엎
드러질 때에 마음에 기뻐하지 말라
18 여호와께서 이것을 보시고 기뻐하지 아니하사 그
의 진노를 그에게서 옮기실까 두려우니라
19 너는 행악자들로 말미암아 분을 품지 말며 악인
의 형통함을 부러워하지 말라
20 대저 행악자는 장래가 없겠고 악인의 등불은 꺼
지리라
21 내 아들아 여호와와 왕을 경외하고 반역자와 더
불어 사귀지 말라
22 대저 그들의 재앙은 속히 임하리니 그 둘의 멸망

처소 (24:15) : 거처하는 장소 단어풀이

을 누가 알랴
23 이것도 지혜로운 자들의 말씀이라 재판할 때에
낯을 보아 주는 것이 옳지 못하니라
24 악인에게 네가 옳다 하는 자는 백성에게 저주를
받을 것이요 국민에게 미움을 받으려니와
25 오직 그를 견책하는 자는 기쁨을 얻을 것이요 또
좋은 복을 받으리라
26 적당한 말로 대답함은 입맞춤과 같으니라
27 네 일을 밖에서 다스리며 너를 위하여 밭에서 준
비하고 그 후에 네 집을 세울지니라
28 너는 까닭 없이 네 이웃을 쳐서 증인이 되지 말며
네 입술로 속이지 말지니라
29 너는 그가 내게 행함 같이 나도 그에게 행하여 그
가 행한 대로 그 사람에게 갚겠다 말하지 말지니
라
30 내가 게으른 자의 밭과 지혜 없는 자의 포도원을
지나며 본즉

단어풀이 견책(24:25) : 잘못을 꾸짖고 나무람

잠언 24 : 31 - 34

31 가시덤불이 그 전부에 퍼졌으며 그 지면이 거친
풀로 덮였고 돌담이 무너져 있기로

32 내가 보고 생각이 깊었고 내가 보고 훈계를 받았
노라

33 네가 좀더 자자, 좀더 졸자, 손을 모으고 좀더 누
워 있자 하니

34 네 빈궁이 강도 같이 오며 네 곤핍이 군사 같이
이르리라

25장

년 월 일 요일

잠언 25 : 1 - 9

1 이것도 솔로몬의 잠언이요 유다 왕 히스기야의
신하들이 편집한 것이니라

2 일을 숨기는 것은 하나님의 영화요 일을 살피는

빈궁 (24:34) : 가난하여 살기 어려움 단어풀이

것은 왕의 영화니라

3 하늘의 높음과 땅의 깊음 같이 왕의 마음은 헤아
릴 수 없느니라

4 은에서 찌꺼기를 제하라 그리하면 장색의 쓸 만
한 그릇이 나올 것이요

5 왕 앞에서 악한 자를 제하라 그리하면 그의 왕위
가 의로 말미암아 견고히 서리라

6 왕 앞에서 스스로 높은 체하지 말며 대인들의 자
리에 서지 말라

7 이는 사람이 네게 이리로 올라오라고 말하는 것
이 네 눈에 보이는 귀인 앞에서 저리로 내려가라
고 말하는 것보다 나음이니라

8 너는 서둘러 나가서 다투지 말라 마침내 네가 이
웃에게서 욕을 보게 될 때에 네가 어찌할 줄을 알
지 못할까 두려우니라

9 너는 이웃과 다투거든 변론만 하고 남의 은밀한
일은 누설하지 말라

단어풀이 장색(25:4) : 금속 세공업자 / 귀인(25:7) : 신분이나 지위가 높은 사람

잠언 25 : 10 - 26

10 듣는 자가 너를 꾸짖을 터이요 또 네게 대한 악평
이 네게서 떠나지 아니할까 두려우니라
11 경우에 합당한 말은 아로새긴 은 쟁반에 금 사과
니라
12 슬기로운 자의 책망은 청종하는 귀에 금 고리와
정금 장식이니라
13 충성된 사자는 그를 보낸 이에게 마치 추수하는
날에 얼음 냉수 같아서 능히 그 주인의 마음을 시
원하게 하느니라
14 선물한다고 거짓 자랑하는 자는 비 없는 구름과
바람 같으니라
15 오래 참으면 관원도 설득할 수 있나니 부드러운
혀는 뼈를 꺾느니라
16 너는 꿀을 보거든 족하리만큼 먹으라 과식함으로
토할까 두려우니라
17 너는 이웃집에 자주 다니지 말라 그가 너를 싫어
하며 미워할까 두려우니라

단어풀이 악평 (25:10) : 나쁘게 평가함 / 청종 (25:12) : 이르는 말을 듣고 잘 따름

18 자기의 이웃을 쳐서 거짓 증거하는 사람은 방망
이요 칼이요 뾰족한 화살이니라
19 환난 날에 진실하지 못한 자를 의뢰하는 것은 부
러진 이와 위골된 발 같으니라
20 마음이 상한 자에게 노래하는 것은 추운 날에 옷
을 벗음 같고 소다 위에 식초를 부음 같으니라
21 네 원수가 배고파하거든 음식을 먹이고 목말라하
거든 물을 마시게 하라
22 그리 하는 것은 핀 숯을 그의 머리에 놓는 것과 일
반이요 여호와께서 네게 갚아 주시리라
23 북풍이 비를 일으킴 같이 참소하는 혀는 사람의
얼굴에 분을 일으키느니라
24 다투는 여인과 함께 큰 집에서 사는 것보다 움막
에서 혼자 사는 것이 나으니라
25 먼 땅에서 오는 좋은 기별은 목마른 사람에게 냉
수와 같으니라
26 의인이 악인 앞에 굴복하는 것은 우물이 흐려짐

단어풀이 위골 (25:19) : 뼈가 어긋나는 것을 말함 / 참소 (25:23) : 남을 모함하는 것을 말함

잠언 25 : 27 - 28

과 샘이 더러워짐과 같으니라
27 꿀을 많이 먹는 것이 좋지 못하고 자기의 영예를
구하는 것이 헛되니라
28 자기의 마음을 제어하지 아니하는 자는 성읍이
무너지고 성벽이 없는 것과 같으니라

26장

년 월 일 요일

잠언 26 : 1 - 11

1 미련한 자에게는 영예가 적당하지 아니하니 마
치 여름에 눈 오는 것과 추수 때에 비 오는 것 같
으니라
2 까닭 없는 저주는 참새가 떠도는 것과 제비가 날
아가는 것 같이 이루어지지 아니하느니라
3 말에게는 채찍이요 나귀에게는 재갈이요 미련한

재갈 (26:3) : 말이나 나귀 등을 부리기 위해서 입에 물리던 막대기를 말함 단어풀이

자의 등에는 막대기니라
4 미련한 자의 어리석은 것을 따라 대답하지 말라
두렵건대 너도 그와 같을까 하노라
5 미련한 자에게는 그의 어리석음을 따라 대답하라
두렵건대 그가 스스로 지혜롭게 여길까 하노라
6 미련한 자 편에 기별하는 것은 자기의 발을 베어
버림과 해를 받음과 같으니라
7 저는 자의 다리는 힘 없이 달렸나니 미련한 자의
입의 잠언도 그러하니라
8 미련한 자에게 영예를 주는 것은 돌을 물매에 매
는 것과 같으니라
9 미련한 자의 입의 잠언은 술 취한 자가 손에 든 가
시나무 같으니라
10 장인이 온갖 것을 만들지라도 미련한 자를 고용
하는 것은 지나가는 행인을 고용함과 같으니라
11 개가 그 토한 것을 도로 먹는 것 같이 미련한 자
는 그 미련한 것을 거듭 행하느니라

단어풀이 장인 (26:10) : 손으로 물건을 만드는 직업을 가진 사람

12 네가 스스로 지혜롭게 여기는 자를 보느냐 그보
다 미련한 자에게 오히려 희망이 있느니라
13 게으른 자는 길에 사자가 있다 거리에 사자가 있
다 하느니라
14 문짝이 돌쩌귀를 따라서 도는 것 같이 게으른 자
는 침상에서 도느니라
15 게으른 자는 그 손을 그릇에 넣고도 입으로 올리
기를 괴로워하느니라
16 게으른 자는 사리에 맞게 대답하는 사람 일곱보
다 자기를 지혜롭게 여기느니라
17 길로 지나가다가 자기와 상관 없는 다툼을 간섭
하는 자는 개의 귀를 잡는 자와 같으니라
18 횃불을 던지며 화살을 쏘아서 사람을 죽이는 미
친 사람이 있나니
19 자기의 이웃을 속이고 말하기를 내가 희롱하였노
라 하는 자도 그러하니라
20 나무가 다하면 불이 꺼지고 말쟁이가 없어지면

돌쩌귀 (26:14) : 문설주와 문짝에 서로 맞추어 달았던 쇠를 말함 단어풀이

다툼이 쉬느니라
21 숯불 위에 숯을 더하는 것과 타는 불에 나무를 더
하는 것 같이 다툼을 좋아하는 자는 시비를 일으
키느니라
22 남의 말 하기를 좋아하는 자의 말은 별식과 같아
서 뱃속 깊은 데로 내려가느니라
23 온유한 입술에 악한 마음은 낮은 은을 입힌 토기
니라
24 원수는 입술로는 꾸미고 속으로는 속임을 품나니
25 그 말이 좋을지라도 믿지 말 것은 그 마음에 일곱
가지 가증한 것이 있음이니라
26 속임으로 그 미움을 감출지라도 그의 악이 회중
앞에 드러나리라
27 함정을 파는 자는 그것에 빠질 것이요 돌을 굴리
는 자는 도리어 그것에 치이리라
28 거짓말 하는 자는 자기가 해한 자를 미워하고 아
첨하는 입은 패망을 일으키느니라

단어풀이 별식 (26:22) : 일상적으로 먹는 음식이 아닌 색다른 음식을 말함

27장

년 월 일 요일

잠언 27 : 1 - 14

1 너는 내일 일을 자랑하지 말라 하루 동안에 무
슨 일이 일어날는지 네가 알 수 없음이니라
2 타인이 너를 칭찬하게 하고 네 입으로는 하지 말
며 외인이 너를 칭찬하게 하고 네 입술로는 하지
말지니라
3 돌은 무겁고 모래도 가볍지 아니하거니와 미련한
자의 분노는 이 둘보다 무거우니라
4 분은 잔인하고 노는 창수 같거니와 투기 앞에야
누가 서리요
5 면책은 숨은 사랑보다 나으니라
6 친구의 아픈 책망은 충직으로 말미암는 것이나
원수의 잦은 입맞춤은 거짓에서 난 것이니라
7 배부른 자는 꿀이라도 싫어하고 주린 자에게는

단어풀이 창수 (27:4) : 강물이 불어서 넘쳐나온 물 / 면책 (27:5) : 책임이나 책망을 면함

쓴 것이라도 다니라 밟고

8 고향을 떠나 유리하는 사람은 보금자리를 떠나 떠
도는 새와 같으니라

9 기름과 향이 사람의 마음을 즐겁게 하나니 친구의
충성된 권고가 이와 같이 아름다우니라

10 네 친구와 네 아비의 친구를 버리지 말며 네 환난
날에 형제의 집에 들어가지 말지어다 가까운 이웃
이 먼 형제보다 나으니라

11 내 아들아 지혜를 얻고 내 마음을 기쁘게 하라 그
리하면 나를 비방하는 자에게 내가 대답할 수 있으
리라

12 슬기로운 자는 재앙을 보면 숨어 피하여도 어리석
은 자들은 나가다가 해를 받느니라

13 타인을 위하여 보증 선 자의 옷을 취하라 외인들을
위하여 보증 선 자는 그의 몸을 볼모 잡을지니라

14 이른 아침에 큰 소리로 자기 이웃을 축복하면 도리
어 저주 같이 여기게 되리라

단어풀이 유리 (27:8) : 집 없이 떠돌아 다니며 방황하고 헤매는 것

15 다투는 여자는 비 오는 날에 이어 떨어지는 물방
울이라
16 그를 제어하기가 바람을 제어하는 것 같고 오른
손으로 기름을 움키는 것 같으니라
17 철이 철을 날카롭게 하는 것 같이 사람이 그의 친
구의 얼굴을 빛나게 하느니라
18 무화과나무를 지키는 자는 그 과실을 먹고 자기
주인에게 시중드는 자는 영화를 얻느니라
19 물에 비치면 얼굴이 서로 같은 것 같이 사람의 마
음도 서로 비치느니라
20 스올과 아바돈은 만족함이 없고 사람의 눈도 만
족함이 없느니라
21 도가니로 은을, 풀무로 금을, 칭찬으로 사람을 단
련하느니라
22 미련한 자를 곡물과 함께 절구에 넣고 공이로 찧
을지라도 그의 미련은 벗겨지지 아니하느니라
23 네 양 떼의 형편을 부지런히 살피며 네 소 떼에게

아바돈 (27:20) : 무저갱의 사자이름이다(계 9:11) 단어풀이

마음을 두라

24 대저 재물은 영원히 있지 못하나니 면류관이 어
찌 대대에 있으랴

25 풀을 벤 후에는 새로 움이 돋나니 산에서 꼴을 거
둘 것이니라

26 어린 양의 털은 네 옷이 되며 염소는 밭을 사는
값이 되며

27 염소의 젖은 넉넉하여 너와 네 집의 음식이 되며
네 여종의 먹을 것이 되느니라

단어풀이 움 (27:25) : 풀이나 나무에 새로 돋아나는 싹

28장

년 월 일 요일

잠언 28 : 1 - 15

1 악인은 쫓아오는 자가 없어도 도망하나 의인은
사자 같이 담대하니라
2 나라는 죄가 있으면 주관자가 많아져도 명철과 지
식 있는 사람으로 말미암아 장구하게 되느니라
3 가난한 자를 학대하는 가난한 자는 곡식을 남기
지 아니하는 폭우 같으니라
4 율법을 버린 자는 악인을 칭찬하나 율법을 지키
는 자는 악인을 대적하느니라
5 악인은 정의를 깨닫지 못하나 여호와를 찾는 자
는 모든 것을 깨닫느니라
6 가난하여도 성실하게 행하는 자는 부유하면서 굽
게 행하는 자 보다 나으니라
7 율법을 지키는 자는 지혜로운 아들이요 음식을 탐

장구(28:2) : 오랫동안 안정됨 단어풀이

하는 자와 사귀는 자는 아비를 욕되게 하는 자니라
8 중한 변리로 자기 재산을 늘이는 것은 가난한 사람
을 불쌍히 여기는 자를 위해 그 재산을 저축하는 것
이니라
9 사람이 귀를 돌려 율법을 듣지 아니하면 그의 기도
도 가증하니라
10 정직한 자를 악한 길로 유인하는 자는 스스로 자기
함정에 빠져도 성실한 자는 복을 받느니라
11 부자는 자기를 지혜롭게 여기나 가난해도 명철한
자는 자기를 살펴 아느니라
12 의인이 득의하면 큰 영화가 있고 악인이 일어나면
사람이 숨느니라
13 자기의 죄를 숨기는 자는 형통하지 못하나 죄를 자
복하고 버리는 자는 불쌍히 여김을 받으리라
14 항상 경외하는 자는 복되거니와 마음을 완악하게
하는 자는 재앙에 빠지리라
15 가난한 백성을 압제하는 악한 관원은 부르짖는 사

단어풀이 변리 (28:8) : 빚으로 준 돈에서 생기는 이자 / 득의 (28:12) : 일이 뜻대로 이루어져 만족해 하거나 자랑스러워함

자와 주린 곰 같으니라
16 무지한 치리자는 포학을 크게 행하거니와 탐욕을
미워하는 자는 장수하리라
17 사람의 피를 흘린 자는 함정으로 달려갈 것이니
그를 막지 말지니라
18 성실하게 행하는 자는 구원을 받을 것이나 굽은
길로 행하는 자는 곧 넘어지리라
19 자기의 토지를 경작하는 자는 먹을 것이 많으려
니와 방탕을 따르는 자는 궁핍함이 많으리라
20 충성된 자는 복이 많아도 속히 부하고자 하는 자
는 형벌을 면하지 못하리라
21 사람의 낯을 보아 주는 것이 좋지 못하고 한 조
각 떡으로 말미암아 사람이 범법하는 것도 그러
하니라
22 악한 눈이 있는 자는 재물을 얻기에만 급하고 빈
궁이 자기에게로 임할 줄은 알지 못하느니라
23 사람을 경책하는 자는 혀로 아첨하는 자보다 나

포학 (28:16) : 성질이나 행동이 몹시 사납고 잔인함 단어풀이

중에 더욱 사랑을 받느니라
24 부모의 물건을 도둑질하고서도 죄가 아니라 하는
자는 멸망 받게 하는 자의 동류니라
25 욕심이 많은 자는 다툼을 일으키나 여호와를 의
지하는 자는 풍족하게 되느니라
26 자기의 마음을 믿는 자는 미련한 자요 지혜롭게
행하는 자는 구원을 얻을 자니라
27 가난한 자를 구제하는 자는 궁핍하지 아니하려니
와 못 본 체하는 자에게는 저주가 크리라
28 악인이 일어나면 사람이 숨고 그가 멸망하면 의
인이 많아지느니라

단어풀이 동류 (28:24) : 같은 종류나 부류

29장

년 월 일 요일

잠언 29 : 1 - 15

1 자주 책망을 받으면서도 목이 곧은 사람은 갑자
기 패망을 당하고 피하지 못하리라
2 의인이 많아지면 백성이 즐거워하고 악인이 권세
를 잡으면 백성이 탄식하느니라
3 지혜를 사모하는 자는 아비를 즐겁게 하여도 창
기와 사귀는 자는 재물을 잃느니라
4 왕은 정의로 나라를 견고하게 하나 뇌물을 억지
로 내게 하는 자는 나라를 멸망시키느니라
5 이웃에게 아첨하는 것은 그의 발 앞에 그물을 치
는 것이니라
6 악인이 범죄하는 것은 스스로 올무가 되게 하는
것이나 의인은 노래하고 기뻐하느니라
7 의인은 가난한 자의 사정을 알아 주나 악인은 알

올무 (29:6) : 새나 짐승을 잡는 데 사용하는 올가미 단어풀이

아 줄 지식이 없느니라

8 거만한 자는 성읍을 요란하게 하여도 슬기로운 자

는 노를 그치게 하느니라

9 지혜로운 자와 미련한 자가 다투면 지혜로운 자가

노하든지 웃든지 그 다툼은 그침이 없느니라

10 피 흘리기를 좋아하는 자는 온전한 자를 미워하고

정직한 자의 생명을 찾느니라

11 어리석은 자는 자기의 노를 다 드러내어도 지혜로

운 자는 그것을 억제하느니라

12 관원이 거짓말을 들으면 그의 하인들은 다 악하게

되느니라

13 가난한 자와 포학한 자가 섞여 살거니와 여호와께

서는 그 모두의 눈에 빛을 주시느니라

14 왕이 가난한 자를 성실히 신원하면 그의 왕위가 영

원히 견고하리라

15 채찍과 꾸지람이 지혜를 주거늘 임의로 행하게 버

려 둔 자식은 어미를 욕되게 하느니라

단어풀이 신원 (29:14) : 억울하게 뒤집어 쓴 죄 혹은 원한을 풀어주는 것을 말함

16 악인이 많아지면 죄도 많아지나니 의인은 그들의
망함을 보리라
17 네 자식을 징계하라 그리하면 그가 너를 평안하
게 하겠고 또 네 마음에 기쁨을 주리라
18 묵시가 없으면 백성이 방자히 행하거니와 율법을
지키는 자는 복이 있느니라
19 종은 말로만 하면 고치지 아니하나니 이는 그가
알고도 따르지 아니함이니라
20 네가 말이 조급한 사람을 보느냐 그보다 미련한
자에게 오히려 희망이 있느니라
21 종을 어렸을 때부터 곱게 양육하면 그가 나중에
는 자식인 체하리라
22 노하는 자는 다툼을 일으키고 성내는 자는 범죄
함이 많으니라
23 사람이 교만하면 낮아지게 되겠고 마음이 겸손하
면 영예를 얻으리라
24 도둑과 짝하는 자는 자기의 영혼을 미워하는 자

묵시 (29:18) : 하나님께서 자신의 뜻을 나타내 보여 주시는 것을 말함 단어풀이

라 그는 저주를 들어도 진술하지 아니하느니라
25 사람을 두려워하면 올무에 걸리게 되거니와 여호
와를 의지하는 자는 안전하리라
26 주권자에게 은혜를 구하는 자가 많으나 사람의
일의 작정은 여호와께로 말미암느니라
27 불의한 자는 의인에게 미움을 받고 바르게 행하
는 자는 악인에게 미움을 받느니라

30장

년 월 일 요일

잠언 30 : 1 - 2

1 이 말씀은 야게의 아들 아굴의 잠언이니 그가
이디엘 곧 이디엘과 우갈에게 이른 것이니라
2 나는 다른 사람에게 비하면 짐승이라 내게는 사
람의 총명이 있지 아니하니라

단어풀이 아굴 (30:1) : 잠언 30장의 지은이 / 이디엘 : 아굴의 잠언을 함께 받은 사람 / 우갈 : 아굴의 제자

잠언 30 : 3 - 15

3 나는 지혜를 배우지 못하였고 또 거룩하신 자를
아는 지식이 없거니와
4 하늘에 올라갔다가 내려온 자가 누구인지, 바람
을 그 장중에 모은 자가 누구인지, 물을 옷에 싼
자가 누구인지, 땅의 모든 끝을 정한 자가 누구인
지, 그의 이름이 무엇인지, 그의 아들의 이름이
무엇인지 너는 아느냐
5 하나님의 말씀은 다 순전하며 하나님은 그를 의
지하는 자의 방패시니라
6 너는 그의 말씀에 더하지 말라 그가 너를 책망하
시겠고 너는 거짓말하는 자가 될까 두려우니라
7 내가 두 가지 일을 주께 구하였사오니 내가 죽기
전에 내게 거절하지 마시옵소서
8 곧 헛된 것과 거짓말을 내게서 멀리 하옵시며 나
를 가난하게도 마옵시고 부하게도 마옵시고 오직
필요한 양식으로 나를 먹이시옵소서
9 혹 내가 배불러서 하나님을 모른다 여호와가 누

순전 (30:5) : 순수하고 완전하다 단어풀이

구나 할까 하오며 혹 내가 가난하여 도둑질하고
내 하나님의 이름을 욕되게 할까 두려워함이니
이다
10 너는 종을 그의 상전에게 비방하지 말라 그가 너
를 저주하겠고 너는 죄책을 당할까 두려우니라
11 아비를 저주하며 어미를 축복하지 아니하는 무리
가 있느니라
12 스스로 깨끗한 자로 여기면서도 자기의 더러운
것을 씻지 아니하는 무리가 있느니라
13 눈이 심히 높으며 눈꺼풀이 높이 들린 무리가 있
느니라
14 앞니는 장검 같고 어금니는 군도 같아서 가난한
자를 땅에서 삼키며 궁핍한 자를 사람 중에서 삼
키는 무리가 있느니라
15 거머리에게는 두 딸이 있어 다오 다오 하느니라
족한 줄을 알지 못하여 족하다 하지 아니하는 것
서넛이 있나니

단어풀이 죄책 (30:10) : 죄를 저지른 데 대한 형벌

16 곧 스올과 아이 배지 못하는 태와 물로 채울 수 없
는 땅과 족하다 하지 아니하는 불이니라
17 아비를 조롱하며 어미 순종하기를 싫어하는 자의
눈은 골짜기의 까마귀에게 쪼이고 독수리 새끼에
게 먹히리라
18 내가 심히 기이히 여기고도 깨닫지 못하는 것 서
넛이 있나니
19 곧 공중에 날아다니는 독수리의 자취와 반석 위
로 기어 다니는 뱀의 자취와 바다로 지나다니는
배의 자취와 남자가 여자와 함께 한 자취며
20 음녀의 자취도 그러하니라 그가 먹고 그의 입을
씻음 같이 말하기를 내가 악을 행하지 아니하였
다 하느니라
21 세상을 진동시키며 세상이 견딜 수 없게 하는 것
서넛이 있나니
22 곧 종이 임금된 것과 미련한 자가 음식으로 배부
른 것과

단어풀이 자취 (30:19,20) : 남기고 간 흔적, 또는 남겨진 흔적

23 미움 받는 여자가 시집 간 것과 여종이 주모를 이
은 것이니라
24 땅에 작고도 가장 지혜로운 것 넷이 있나니
25 곧 힘이 없는 종류로되 먹을 것을 여름에 준비하
는 개미와
26 약한 종류로되 집을 바위 사이에 짓는 사반과
27 임금이 없으되 다 떼를 지어 나아가는 메뚜기와
28 손에 잡힐 만하여도 왕궁에 있는 도마뱀이니라
29 잘 걸으며 위풍 있게 다니는 것 서넛이 있나니
30 곧 짐승 중에 가장 강하여 아무 짐승 앞에서도 물
러가지 아니하는 사자와
31 사냥개와 숫염소와 및 당할 수 없는 왕이니라
32 만일 네가 미련하여 스스로 높은 체하였거나 혹
악한 일을 도모하였거든 네 손으로 입을 막으라
33 대저 젖을 저으면 엉긴 젖이 되고 코를 비틀면 피
가 나는 것 같이 노를 격동하면 다툼이 남이니라

단어풀이 주모 (30:23) : 집안 살림을 담당하는 여주인

31장

년 월 일 요일

잠언 31 : 1 - 15

1 르무엘 왕이 말씀한 바 곧 그의 어머니가 그를
훈계한 잠언이라
2 내 아들아 내가 무엇을 말하랴 내 태에서 난 아들
아 내가 무엇을 말하랴 서원대로 얻은 아들아 내
가 무엇을 말하랴
3 네 힘을 여자들에게 쓰지 말며 왕들을 멸망시키
는 일을 행하지 말지어다
4 르무엘아 포도주를 마시는 것이 왕들에게 마땅하
지 아니하고 왕들에게 마땅하지 아니하며 독주를
찾는 것이 주권자들에게 마땅하지 않도다
5 술을 마시다가 법을 잊어버리고 모든 곤고한 자
들의 송사를 굽게 할까 두려우니라
6 독주는 죽게 된 자에게, 포도주는 마음에 근심하

곤고한 (31:5) : 어렵고 고생스럽다 단어풀이

는 자에게 줄지어다
7 그는 마시고 자기의 빈궁한 것을 잊어버리겠고 다
시 자기의 고통을 기억하지 아니하리라
8 너는 말 못하는 자와 모든 고독한 자의 송사를 위하
여 입을 열지니라
9 너는 입을 열어 공의로 재판하여 곤고한 자와 궁핍
한 자를 신원할지니라
10 누가 현숙한 여인을 찾아 얻겠느냐 그의 값은 진주
보다 더 하니라
11 그런 자의 남편의 마음은 그를 믿나니 산업이 핍절
하지 아니하겠으며
12 그런 자는 살아 있는 동안에 그의 남편에게 선을 행
하고 악을 행하지 아니하느니라
13 그는 양털과 삼을 구하여 부지런히 손으로 일하며
14 상인의 배와 같아서 먼 데서 양식을 가져 오며
15 밤이 새기 전에 일어나서 자기 집안 사람들에게 음
식을 나누어 주며 여종들에게 일을 정하여 맡기며

단어풀이 핍절(31:11): 몹시 궁핍하고 가난한 상태를 이르는 말

잠언 31 : 16 - 31

16 밭을 살펴 보고 사며 자기의 손으로 번 것을 가지
고 포도원을 일구며
17 힘 있게 허리를 묶으며 자기의 팔을 강하게 하며
18 자기의 장사가 잘 되는 줄을 깨닫고 밤에 등불을
끄지 아니하며
19 손으로 솜뭉치를 들고 손가락으로 가락을 잡으며
20 그는 곤고한 자에게 손을 펴며 궁핍한 자를 위하
여 손을 내밀며
21 자기 집 사람들은 다 홍색 옷을 입었으므로 눈이
와도 그는 자기 집 사람들을 위하여 염려하지 아
니하며
22 그는 자기를 위하여 아름다운 이불을 지으며 세
마포와 자색 옷을 입으며
23 그의 남편은 그 땅의 장로들과 함께 성문에 앉으
며 사람들의 인정을 받으며
24 그는 베로 옷을 지어 팔며 띠를 만들어 상인들에
게 맡기며

세마포 (31:22) : 가는 삼실로 곱게 짠 제품 단어풀이

25 능력과 존귀로 옷을 삼고 후일을 웃으며
26 입을 열어 지혜를 베풀며 그의 혀로 인애의 법을
말하며
27 자기의 집안 일을 보살피고 게을리 얻은 양식을
먹지 아니하나니
28 그의 자식들은 일어나 감사하며 그의 남편은 칭
찬하기를
29 덕행 있는 여자가 많으나 그대는 모든 여자보다
뛰어나다 하느니라
30 고운 것도 거짓되고 아름다운 것도 헛되나 오직
여호와를 경외하는 여자는 칭찬을 받을 것이라
31 그 손의 열매가 그에게로 돌아갈 것이요 그 행한
일로 말미암아 성문에서 칭찬을 받으리라

단어풀이 인애(31:26) : 어진 마음으로 남을 사랑하는 마음